LE SECRET D'UN ESPRIT OPTIMISTE

Cinq pas pour vivre pleinement sa vie

LE SECRET D'UN ESPRIT OPTIMISTE

Cinq pas pour vivre pleinement sa vie

Léa Liger

Conception de la couverture du livre :
Obrad Vukojević, odizajn.com

Contact

contact@optim-etre.com, www.optim-etre.com

contact@secretofoptimism.com

Achevé d'imprimer en 2016

Création de la mise en page et distribution du livre :

www.ebook-creation.fr

ISBN : 978-2-9556384-3-9

Dépôt légal : octobre 2016

TABLE DES MATIÈRES

NOTE SUR L'AUTEUR

Après avoir pratiqué le droit des entreprises pendant plus de vingt ans au sein d'une agence gouvernementale, Léa Liger a fondé « Optim-Etre » qui forme les personnes à un mode de pensée proactif et optimiste, par le coaching et la méditation.

Praticienne en Programmation Neuro-Linguistique (PNL) et coach certifiée, Léa conduit des séminaires et conférences sur la découverte de soi et le développement de compétences. Elle a aidé des organisations éducatives en période de transition à définir et réaliser leurs projets, en s'appuyant sur l'approche d'Enquête d'Appréciation. Elle a aussi mené des programmes de formation d'adultes aux compétences interpersonnelles, en France et en Europe. Elle est l'auteure de « *Projet Educatif – Expériences et Méthodes* » et d'articles publiés dans plusieurs magazines spécialisés.

Léa vit à Paris où elle s'attache à promouvoir une approche positive du changement et à raviver et faire passer dans le réel le rêve dont chacun est porteur.

INTRODUCTION

De nos jours, alors que les médias nous abreuvent de mauvaises nouvelles, la meilleure manière de nous protéger de leur influence consiste à cultiver une disposition d'esprit optimiste. L'optimiste regarde le côté lumineux (le verre à moitié plein) et entretient suffisamment d'espoir dans l'avenir pour rester alerte et entreprendre de nouveaux projets. Un bénéfice additionnel de l'optimisme est qu'il permet d'entrevoir, au-delà des difficultés et défis actuels (le verre à moitié vide), la possibilité d'une conclusion favorable. Avec cette attitude, la peur de perdre laisse place à l'ardente stimulation d'un nouveau départ.

Notre optimisme naturel ne demande qu'à être réveillé. Optimisme et pessimisme sont en effet comme les deux faces d'une pièce de monnaie, le côté face arborant un sourire radieux et son envers affichant le prix à payer à se faire trop de soucis. Mais pour se donner des chances de rester positif quelles que soient les circonstances, il est important de comprendre la manière dont nous pensons et la qualité des pensées qui sont engendrées dans ce processus.

En fait, rien n'arrive par hasard. À tout instant, nous exerçons des choix et ces choix sont fonction de la manière dont nous pensons que se construit notre réalité. Pourtant, l'idée que nous nous faisons de la réalité se trouve largement influencée par des schémas culturels et linguistiques inconscients. Ce qui signifie qu'avant d'aller plus loin, il nous faut considérer certaines caractéristiques des langues occidentales qui ont contribué à façonner notre vision du monde. Pour cela, revenons aux origines des langues européennes.

Il y a plus de 2 000 ans en Grèce, une nouvelle classe de marchands et d'artisans a senti l'urgence d'établir un courant de paix dans les territoires avec lesquels des liens commerciaux avaient été établis. Car, on le sait, paix et prospérité vont de pair. Dès lors, la question s'est posée de savoir en quoi consistait la paix. Quelles conditions étaient requises pour garantir des échanges stables entre des pays gouvernés par une variété de pratiques et coutumes.

- Pour apprécier la difficulté de cette démarche, réfléchissez aux idées qui surgissent lorsque vous pensez au mot de « paix ». Croyez-vous que chacun en ait la même définition ? Plus vraisemblablement, la notion de « paix » recouvrira une réalité différente selon les expériences vécues, la culture ou le contexte politique dans lequel chacun vit.

A Athènes, s'imposa l'idée d'une prévention des conflits par l'instauration de lois, règles ou principes de gouvernance pour la Cité, ce qui suscita des débats sur le choix des principes les plus appropriés. Les débats avaient lieu sur la place publique, l'Agora, et impliquaient tous les hommes libres de la Cité. L'Agora est restée dans les mémoires comme le lieu où naquirent les fondations de la démocratie actuelle.

Avec la naissance du logos et l'apprentissage de la parole, de l'argumentation ou de la négociation, pour la première fois dans l'histoire connue de l'humanité, l'appréhension du monde par le mythe laissa place à une compréhension plus objective et fonctionnelle de la manière dont opère la réalité. La fonction du mythe est d'expliquer de manière symbolique comment le monde – matière et humanité – ont été créés et comment s'exerce le jeu des forces naturelles sur la condition humaine. Les mythes fondateurs sont pré-rationnels et étrangers au souci du vraisemblable. Le « Logos » qui va surgir à cette époque sera en revanche soumis à l'épreuve de la raison et à la recherche de vérité.

En entamant ce travail, les penseurs Grecs se devaient d'être réalistes dans leur recherche de solutions opératoires. Les premiers outils qu'ils utilisèrent pour se fonder sur un ensemble de principes stables, étaient un esprit d'observation et une forte pratique de réflexion critique. Cela les aida à comprendre comment relier les faits entre eux, et comment relier les faits aux comportements, de manière à établir des règles de gouvernement. Un processus identique donna naissance à la philosophie et fournit les fondations de l'esprit scientifique.

Cette démarche entraîna les anciens Grecs à rechercher l'essence des phénomènes. Pour cela, il fallait séparer les facteurs variables, qu'ils soient subjectifs tels que l'humeur et les émotions, ou sociohistoriques, tels l'appartenance sociale ou les niveaux d'éducation. De même devaient être écartés les changements de court, moyen ou long terme conditionnant les phénomènes observés ou leurs contenus. De cette façon, ils découvrirent la raison intemporelle, le Logos, qui s'appartient à lui-même. « *Le Logos ou la pensée abstraite ne réside pas dans la nature, elle appartient au langage* » notait Jean-Pierre Vernant, spécialiste français de la philosophie grecque.

 D'expérience, je peux dire que la logique comporte des limites, tout spécialement parce qu'elle est focalisée sur le monde des phénomènes extérieurs. Au cours de mes études supérieures, langues et littérature à la Sorbonne, puis droit et gestion des entreprises, je me suis trouvée plongée dans cette culture. Mais rien de ce que j'avais appris ne m'avait enseigné à faire face à ma réalité intérieure lorsque j'ai dû affronter des situations difficiles échappant au domaine des décisions rationnelles. Même l'étude de la théorie des émotions ne me fut d'aucun secours. Tout changea lorsque je découvris la Programmation

Neuro-Linguistique (P.N.L.) qui me fournit des outils de décodage de la réalité subjective à travers les filtres du langage dont nous sommes coutumiers sans le savoir. Dans cette démarche d'attention à la partie émotionnelle et créative de mon esprit, je gagnai force, plaisir et un sens du progrès qui me procura l'enthousiasme d'avancer toujours plus dans cette étude de la vie subjective et essentielle qui gouverne notre attitude dans la vie.

CHAPITRE I

Construction de la Réalité et Structure de pensée Aristotélienne

« Comment se fait-il que les hommes aient progressé si rapidement dans les sciences, les mathématiques et la technologie, et que nous continuions cependant à présenter des comportements marqués par l'incompréhension, la suspicion, l'intolérance, la haine et même la violence dans notre façon de traiter les autres et les autres cultures ? » - Alfred Korzybski.

I - Le milieu culturel

Le constat établi par Alfred Korzybski après la première guerre mondiale est à l'évidence encore valide. Chaque jour, les médias nous fournissent des preuves qu'en dépit des raffinements de la raison, l'irrationalité et les conflits sont la règle générale partout dans le monde. Quelles en sont les causes ? L'une des raisons réside dans notre mode de pensée qui a forgé notre culture et notre vision du monde, notre « weltanschauung ».

L'ingénieur autrichien Alfred Korzybski écrivait en 1933, « *Science et Santé ; introduction aux Systèmes Non-Aristotéliens et à la Sémantique Générale* », où il exposait sa conception du rôle du langage dans les processus de perception. Korzybski notait que la structure du langage qui détermine la « forme » de nos idées et de notre pensée en général, est aussi inadaptée à la science contemporaine qu'à l'homme moderne. À la différence des mathématiques et des sciences qui utilisent des symboles adaptés aux faits observés, « *ceux qui ont édifié nos structures sociales, économiques et politiques utilisent un langage (c'est-à-dire des idées et des approches) hérité des dogmes métaphysiques préscientifiques qui relèvent de la mythologie* ». C'est ainsi, estimait-il, qu'on en est arrivé à des erreurs qui ont pu déboucher sur des conflits de l'ampleur de la Première Guerre mondiale.

La sémantique générale conçue par Korzybski est adaptée au monde et à la nature humaine d'aujourd'hui, revenant sur certains présupposés issus de la vision du monde qui pouvait être celle d'Aristote 350 ans av. J.-C. et de ses exégètes au cours des siècles. Dans la mesure où toute notre éducation repose sur l'utilisation quotidienne d'un langage inadapté à la réalité, cette réflexion concerne chacun de nous.

À l'inverse de Platon pour qui le monde sensible n'était qu'un reflet du monde des idées ou de la raison, Aristote pensait que toutes nos idées et pensées avaient leur origine dans ce que nous voyons et entendons. Estimant que le plus haut degré de réalité était constitué par ce que nous percevons avec nos sens, et que la nature seule constitue le vrai monde, il fonda la logique comme science en s'attachant aux relations existant entre différents concepts. Il se livra pour ce faire à un ambitieux inventaire, classifiant les éléments de la nature tels que nous les percevons avec nos sens physiques. La nature peut être divisée en deux groupes, dit-il, les choses inanimées telles les pierres, l'eau, les mottes de terre, qui ne disposent d'aucune possibilité de se transformer en autre chose et ne peuvent se modifier que par une intervention extérieure - et les choses vivantes qui, elles, possèdent la capacité de s'autotransformer. Les choses vivantes appartiennent elles-mêmes à deux groupes : les plantes vivantes et les êtres vivants. Ce dernier groupe comprend les espèces animales (vaches, chevaux, oiseaux, poissons...) et les êtres humains qui ont pour caractéristique la faculté de penser, c'est-à-dire de classifier les impressions de leurs sens en différents groupes et catégories.

Le Moyen-âge redécouvrit l'œuvre d'Aristote et son influence resta dominante dans les universités européennes et dans l'éducation jusqu'à nos jours. Vingt siècles plus tard, il nous faut reconnaître que cette façon de procéder selon un degré croissant d'abstraction nous fait gagner beaucoup de temps dans nos échanges et libère de l'espace mental pour élaborer une pensée scientifique ou éthique plus raffinée ou... pour établir les règles gouvernant la Cité.

Le processus consistant à se dissocier de l'expérience des cinq sens pour nommer les choses que l'on perçoit est bien sûr fondamental dans l'évolution de tout adulte et de toute civilisation. C'est une étape indispensable dans la croissance et le développement de l'enfance à l'âge adulte. Cela fait partie également du processus de l'individuation, identifié par Gustav Jung comme la voie individuelle de la réalisation personnelle.

II - La structure du langage

Pour en revenir à la structure aristotélienne du langage, Alfred Korzybski souligna trois aspects qui ont particulièrement imprégné les esprits européens depuis le Moyen-âge, modelant nos perceptions, et instituant de trompeuses limites mentales. Ces trois points sont les suivants :

- L'utilisation du verbe « être »

Le verbe principal des langues indo-européennes est le verbe « être ». Il est employé selon quatre usages différents, dont deux seulement restent neutres et sans influence majeure sur la pensée. Nous pouvons en effet affirmer sans ambiguïté que quelque chose « est fait » le « est » étant l'auxiliaire du verbe faire. De même le verbe signifiant l'existence (je suis, j'existe) pose un constat simple et clair.

Deux autres usages du verbe « être » sont en revanche plus pernicieux : ils nous affectent plus personnellement car ils déterminent la perception que nous avons de nous-même, ainsi que notre relation à la nature, à nos compagnons de route et aux événements qui se produisent. En cela, ils ont un impact sur l'image et l'estime de soi.

- Être, verbe d'identité

« La rose est une fleur », « le peuplier est un arbre », sont des énoncés d'identité qui ne prêtent pas à ambiguïté. « Je suis une femme », si cela doit me définir, pose davantage problème, surtout si l'on considère le statut des femmes dans certaines parties du globe. On considérera qu'il s'agit d'une présentation facile et rapide de soi. Elle est cependant imparfaite, puisqu'elle ne définit pas l'essence de ce que « je » suis.

- Quelle est la somme des identités que nous adoptons dans une journée, une semaine ou au cours des années : consultant, manager, employé, femme/homme, épouse/mari, mère/père, musicien, sportif, etc...

- Pourriez-vous trouver une identité globale et véritable rassemblant toutes ces expressions de vous-même ? Vous êtes la personne qui réfléchit à toutes ces personnalités. Si vous pouvez les penser, cela signifie que vous n'êtes pas confondu avec elles. En fait, vous les avez créées. Elles sont une partie de vous. Alors, qui êtes-vous ? Vous êtes l'être conscient, l'acteur qui commande à vos comportements et actions. Vous avez le pouvoir de créer différents rôles dans votre vie et de les assumer à la perfection... ou de les laisser tomber s'ils ne vous conviennent pas ou plus.

Le concept d'identité se brouille lorsque nous sommes émotionnellement impliqués dans une situation. Si vous vous considérez comme un manager ou un employé dépendant de l'autorité de votre supérieur hiérarchique, si votre travail consiste en un contrat supposé produire tel ou tel résultat (productivité, cash-flow...) et si de plus vous vous trouvez être une personne débordée qui tente de faire face à ces réalités extérieures à vous-même, alors vous faites face à trois « réalités » qui ne dépendent pas entièrement de vous mais qui ont toutes en commun la notion de responsabilité et d'obligation. Même si vous n'êtes pas supposé vous impliquer émotionnellement au bureau, vous le serez inconsciemment. Et vous aurez tendance à projeter sur le travail ou sur le patron votre désir de reconnaissance, votre peur de l'échec, votre refus du contrôle ou de l'autorité, ce qui ajoute au flou du paysage.

- Imaginez plutôt une scène de théâtre dans laquelle VOUS êtes un acteur jouant un rôle dans le scénario d'une pièce plus vaste appelée la vie. Le jeu prend maintenant une dimension plus large et le contexte offre bien davantage de possibilités. Vous êtes un comédien sur cette scène, de même que votre patron, tous deux êtes en train de créer un scénario. Rendez-le donc aussi bon que possible. Le travail représente votre participation à une œuvre collective. De cette manière, il devient possible de réintroduire un peu d'humanité dans le jeu. Mais le jeu reste un jeu.

- Que souhaiteriez-vous faire ou exprimer et sur quel ton, dans ce jeu ?

- Comment y répond(rait) votre patron ?

La conception que nous avons de nous-même est primordiale pour créer notre bonheur et notre succès. Selon votre conception de l'évolution humaine, vous pouvez vous considérer comme un singe évolué ou un ange déchu. Ce n'est pas une petite chose. Cela fait toute la différence dans l'idée que vous avez de vous et de votre potentiel. Le singe progresse lentement dans l'échelle de l'humanité, tandis qu'un ange déchu peut retrouver son plein potentiel par un simple changement de conscience. Il n'est pas inutile de se demander lequel de ces deux concepts fait partie de nos croyances conscientes ou inconscientes.

- Être, verbe d'attribution et de qualification

Lorsque nous affirmons « cette rose est rouge », ce constat est inexact car il n'existe pas de couleur rouge dans la nature, seulement des radiations de longueurs d'onde. Là où la plupart des individus verront une rose rouge, un daltonien pourra la percevoir verte. En conséquence, l'affirmation la plus exacte consisterait à dire : « Je vois cette rose comme étant rouge ». C'est l'expression de ma perception personnelle de la réalité et je ne prétends pas qu'elle soit vraie pour tout le monde.

- *À titre d'illustration, souvenez-vous d'une récente querelle qui a pu s'élever avec quelqu'un de votre entourage lorsque s'est fait jour une forte différence de point de vue.*

- *Essayez d'exprimer votre point de vue en utilisant le schéma : Je vois cela de la manière suivante... / Je considère que... / A mon avis,...*

- *Appliquez ce schéma à une situation réelle et voyez la réaction de votre interlocuteur.*

- *Comment votre estime de soi et le respect que vous témoignez à votre interlocuteur s'en trouve-t-il positivement affecté ?*

- *Donner son avis sur quelqu'un est une autre situation intéressante. « Pierre est stupide », « Jeanne est une menteuse ». Souvenez-vous qu'un autre de vos collègues — le même peut-être qui pensait que votre rose rouge était verte ! - a pu se forger une tout autre opinion sur Pierre ou Jeanne. Pierre n'a peut-être pas la forme d'intelligence que vous appréciez mais il se peut qu'il fasse preuve d'une certaine forme d'intelligence des situations ou d'empathie, par exemple. De même, Jeanne N'EST PAS une menteuse, même si elle préfère parfois, ou souvent, mentir que dire la vérité. En tout état de cause, on ne peut exclure qu'elle change avec le temps*

Penser de cette manière procure deux avantages principaux : cela correspond davantage à la réalité et cela a toute chance d'améliorer vos relations avec Pierre ou Jeanne.

La règle absolue est de toujours distinguer la personne et l'attribut – a fortiori s'il s'agit d'un défaut – dont fait preuve cette personne. Plutôt que parler de qualificatifs, parlons de compétences, de capacités, afin d'éviter un jugement sur l'individu. Une qualité ou un défaut peut en effet qualifier ou disqualifier durablement une personne qui postule à un poste de responsabilité. Pourtant dans cette situation, le défaut signifie seulement, soit que la personne n'est pas faite pour le poste, soit qu'elle devrait suivre une formation qualifiante.

III - L'élémentalisme

L'élémentalisme se réfère à la séparation mentale opérée dans ce qu'empiriquement nous expérimentons comme un tout.

Les êtres humains ne sont pas constitués de parties séparées comme le corps, l'esprit, l'intellect, les émotions, l'intuition. Ils opèrent de fait comme un « organisme-en-tant-que-tel-dans-un-environnement ». Cet environnement se réfère bien sûr au monde extérieur dont fait partie le corps composé d'éléments matière, et dans lequel nous interagissons avec notre entourage. Mais il faut considérer également que chacune de ces parties - l'esprit, l'intellect, les émotions, etc. - qui sont en constantes interactions, constituent un environnement les unes pour les autres.

Or, en séparant l'esprit et le corps comme l'a fait l'Occident après Descartes, est née la croyance selon laquelle l'esprit est dépourvu de lien avec le corps ; qu'en conséquence, ce que nous pensons ou ressentons n'affecte pas le corps et la santé, et qu'à l'inverse, une bonne ou une mauvaise santé n'est pas censée affecter notre humeur et notre comportement, alors que c'est bien le cas. Trop souvent, nous ne réalisons pas combien la dépression ou l'optimisme peuvent affaiblir ou renforcer le système immunitaire, du corps comme de l'esprit.

Des recherches scientifiques menées sur deux groupes de patients suivis dans un établissement de convalescence ont montré que les membres du groupe qui avaient été amenés à réfléchir au but qu'ils allaient se fixer dans leur vie après la maladie, guérissaient significativement plus vite que le groupe de patients n'ayant pas eu l'opportunité de réfléchir à leur vie d'après la maladie. Nous ne sommes ni de purs esprits flottant au-dessus de la réalité, ni de simples corps subissant les besoins et contraintes que nous imposerait un mode de vie uniquement centré sur la chaîne nourriture-sommeil-action-repos-plaisir-peine. L'esprit et le corps interagissent constamment et c'est en considérant cette combinaison que nous pouvons recréer un sens de l'unité qui fonde notre identité.

- La structure « soit – soit ».

L'utilisation irraisonnée de cette structure dans notre discours nous fait croire que nous devons choisir entre A et B, alors que nous pouvons la plupart du temps avoir les deux. Cette habitude mentale sépare et oppose deux idées, deux valeurs, sentiments ou personnes. Elle oppose les notions bien-mal, blanc-noir, jour-nuit, vie-mort, oui-non. Ce système binaire pèse sur notre perception de nous-même en créant une frontière entre « l'intérieur/l'extérieur de notre peau », et influence par là notre conception de l'être humain.

Les gens ne sont ni anges ni démons. Ils ne sont ni totalement mauvais ni - trop souvent ! - totalement bons ! La pensée binaire est à l'origine de bien des guerres et conflits inter-ethniques ou inter-religieux. Elle conduit à l'automatisme simpliste : soit vous adoptez ma religion et vous appartenez à ma « famille », soit vous ne voulez pas y appartenir et dans ce cas, vous êtes nécessairement mauvais et vous êtes mon ennemi.

Une perspective très différente est celle qu'adopte le Taoïsme qui considère deux éléments opposés non pas comme antagonistes mais comme des états complémentaires alternant en un mouvement cyclique. La nuit devient jour, le jour se transforme en nuit. Le yin devient yang. De même en ce qui concerne le bien et le mal. Pensons simplement à la qualité hautement appréciable de la politesse, elle peut avec le temps se transformer en défaut, en se teintant d'hypocrisie. Plus tard, un mouvement opposé se produira vraisemblablement et un sens renouvelé du respect restaurera la sincérité dans les bonnes manières (qui ramènera le bien). Il est également tout-à-fait possible qu'un Mister Hyde et un Docteur Jekyll alternent chez une même personne.

Ce mode de pensée inclusif change les perspectives et apporte une qualité d'unité, de réconciliation et de liberté qui contribue à créer une vie accomplie.

IV - La contemplation : l'élément manquant à cultiver

Korzybski et des scientifiques comme Russell ou Minkowski qui ont étudié la structure des langues Européennes, l'ont fait au nom de la science. Mais, bien évidemment, leurs critiques s'appliquent à la pensée de tous les jours. Démontrant comment notre esprit a été formé à penser la réalité de manière restrictive, ils s'accordaient sur la nécessité d'un changement.

Ils observaient que lorsque nous pensons « verbalement », nous projetons une structure de langage apprise sur l'objet de notre observation. Dès lors, la réalité et la singularité de l'objet ou de l'événement observé échappe à notre attention. À l'inverse, lorsque nous contemplons quelque chose silencieusement, ou bien lorsque nous « pensons » sans mots, par images ou visualisations, alors nous découvrons de nouveaux aspects de cet objet ou de nouvelles relations à l'œuvre dans l'événement. Leur structure interne nous apparaît. À cette étape seulement, le langage nous sera utile pour décrire notre découverte le plus précisément possible. La plupart des inventeurs et des artistes ont opéré de cette manière.

Dans certaines circonstances, chacun de nous serait bien avisé de prendre de la distance avec la logique et le discours rationnel, pour entrer en contact avec nos sentiments, notre subjectivité, notre expérience profonde et significative. C'est la base d'une vraie compréhension de soi, de nos besoins et motivations et cela nous procure une capacité de maîtrise dans la construction de notre futur.

Le système aristotélien fragmente la réalité extérieure, dans le but d'inventorier le monde à partir d'une perspective extravertie. Comme cela ne correspond pas tout-à-fait à notre expérience intérieure – celle que nous vivons dans l'introversion – un biais est introduit dans la manière dont nous nous relions au monde et aux gens autour de nous. Cela crée des frontières linguistiques impactant l'expérience que nous avons de nous-même en tant que personne composée d'un corps, d'un esprit, de sentiments et dotée d'une faculté d'intelligence. Ces frontières, qui ne correspondent pas aux lois naturelles, introduisent une possibilité de conflit dans l'exercice de notre jugement. Il peut s'ensuivre une forme de dépendance aux opinions d'autrui - autorités extérieures supposées maîtriser le monde de la logique mieux que nous – ou encore la tendance à toujours demander l'autorisation de faire ou ne pas faire. Dès lors, nous ne nous autorisons pas à vivre une vie d'accomplissement.

« Parce que les idées et les mots sont des énergies qui affectent puissamment la base physico-chimique de nos activités, Korzybski insiste sur le fait que *la conception de l'Homme comme un mélange d'animalité et de surnaturel a maintenu les hommes pendant des siècles sous le sortilège mortel de la suggestion qu'égoïsme et avidité animales sont leur personnalité essentielle ; et ce sortilège a abouti à supprimer leur NATURE HUMAINE RÉELLE, qu'ils s'empêchent ainsi d'exprimer naturellement et librement »*.

Dans les chapitres suivants, nous renouerons avec l'énergie qui circule en nous et hors de nous, en éliminant les divisions artificielles créées par le langage. Puis, nous reviendrons à certains éléments verbaux qui peuvent servir d'outils pour nous accorder à notre monde intérieur et aux trésors de créativité, d'accomplissement et de joie qu'il recèle.

Nous viserons à unifier notre personnalité, en partant de l'intérieur pour donner libre cours à notre puissance et à notre sagesse intérieure afin de les exprimer de manière plus vraie et plus juste. L'optimisme se développe avec la croyance que nous pouvons prendre notre vie en main, que nous avons la capacité de changer, de nous améliorer et de créer le futur que nous désirons et cela nous donne une forte motivation pour agir et réaliser nos buts. Abraham Maslow, comme Carl Gustav Jung, ont insisté sur le besoin qui anime l'homme de se réaliser pleinement. C'est là la partie noble de l'aventure humaine sur terre.

CHAPITRE II

Se Relier à sa Réalité Intérieure : Besoins et Émotions

Lorsque l'on se sent un peu découragé, voire légèrement dépressif, lorsque l'on ne sait plus très bien où diriger ses pas, alors il devient utile et nécessaire de se tourner vers soi-même, vers notre monde intérieur qui est notre réalité vécue intimement. Nos amis et relations peuvent bien nous procurer de multiples conseils sur ce que l'on devrait faire ou ne pas faire. Nous seuls cependant pouvons décider de notre vie. Et cela, on l'accomplit mieux si l'on comprend comment fonctionne notre monde intérieur.

I – Se relier à sa réalité intérieure

Lorsque nous sommes heureux, nous sommes dans un état de disponibilité et de créativité naturelles, prêts à vivre des expériences enrichissantes, de nouvelles relations, de nouvelles entreprises. Des études ont montré qu'avoir des projets, être heureux de vivre nous rend plus attentifs à adopter de bonnes habitudes alimentaires, à entretenir des relations saines et positives, à nous découvrir de nouveaux talents. Ce « réservoir » d'émotions positives aide à faire face aux circonstances difficiles qui peuvent se produire, alors que l'angoisse nous fait tourner en rond, et que la peur nous empêche d'agir.

Par contraste, les émotions désagréables – angoisse, peur, tristesse, etc. – suscitent des réponses adaptées aux menaces perçues. Ces émotions ont une fonction de signal. La peur nous pousse à agir pour échapper à un danger. Mais elle peut aussi nous figer littéralement sur place. La colère nous pousse à affirmer ce que nous voulons ou ne voulons plus, notamment pour maintenir notre intégrité physique ou psychique. Mais elle endommage nos relations et n'est pas constructive en soi. Toutes ces émotions relèvent du registre de la survie et nous maintiennent dans des schémas de pensée et des réactions automatiques, répétitives, sans nouveauté aucune.

- Les besoins non comblés font naître des émotions perturbatrices

Écouter ses émotions s'avère indispensable. En effet, notre perception du monde est placée sous double influence : le langage et la culture mais aussi nos expériences personnelles dont nous avons tiré des jugements quant à ce qui est bon pour nous ou pas (notre « image du monde »). Une émotion douloureuse survient le plus souvent lorsqu'un événement, petit ou grand, stimule ce sentiment de danger ou d'inconfort.

Or, nous recherchons toujours le maintien de notre stabilité intérieure. En présence d'émotions négatives, le principe d'homéostasie – le maintien d'une température égale dans l'organisme, psychique en l'occurrence – va faire jouer les mécanismes classiques de la fuite, de l'agressivité ou de la passivité.

Cet état d'équilibre peut pourtant être retrouvé en attribuant une nouvelle signification à ce qui nous arrive. Même des circonstances défavorables – un échec, une séparation, par exemple – se révèlent bénéfiques s'ils nous poussent vers des accomplissements différents. C'est l'histoire de Tom Sawyer, le gamin farceur à qui fut donné la punition de repeindre la barrière autour de la maison de ses parents. Pour garder la face devant ses amis hilares qui défilaient devant la maison, il prétendit en faire une faveur, une fête, un exercice hautement créatif. Ce que voyant, un à un, tous ses amis sollicitèrent l'honneur de contribuer à cette grande tâche. Et la barrière fut repeinte en moins d'une journée, la punition de Tom grandement allégée et son prestige accru.

Ou bien nous pouvons abandonner tout souci de maintenir, persévérer, sauver la situation extérieure, pour nous demander ce qu'il se passe en nous réellement. Le tout dans l'optique de libérer l'énergie bénéfique qui circule en chacun de nous et nous maintient heureux et en bonne santé. Ce sentiment d'être vivant, spontané, joyeux, qui nous anime naturellement pendant les vacances lorsque nous pouvons suivre nos inspirations quotidiennes dans une atmosphère de repos et de plaisir.

- Élargir notre façon de penser

L'habitude de projeter dans le futur notre crainte de perdre ou de souffrir ne fait que prolonger cet état de souffrance où nous tournons en rond dans quelques pensées réduites en nombre et en qualité. Plus nous nous y livrons, plus cela risque de devenir une habitude et moins nous aurons de facilité à nous réinventer en étant créatif.

De ce point de vue, la structure du langage occidental ne nous aide pas beaucoup. Comme nous l'avons vu dans le premier chapitre, les langues européennes montrent une préférence marquée pour le principe d'identité. Non seulement le verbe être peut introduire l'idée fausse d'un lien permanent existant entre le sujet et la manière dont il est qualifié – « *Je suis un idiot* » devrait se dire de façon plus exacte : « *Je me suis comporté de manière stupide* » – mais encore, les personnes sont perçues et définies en tant qu'entités individuelles séparées les unes des autres. À l'inverse, la langue chinoise, ainsi que d'autres langues orientales mettent l'accent sur les relations, les interactions et processus entre les choses et les personnes. La conséquence en est immense. Nous, Occidentaux nous nous percevons comme des individus séparés, autonomes et responsables mais aussi solitaires et dépourvus de la perception du contexte et des interactions en jeu dans ce que nous vivons – et visons ! Nous en arrivons ainsi à porter des fardeaux inutiles ou, à l'inverse, à agir en pensant que ce que nous faisons ne concerne que nous-même.

- Discerner et choisir

De quoi est fait notre monde intérieur ? D'idées, de sentiments, *d'états d'âme ou états d'être*. En modifiant notre perception nous modifions notre expérience et par suite notre état d'esprit. Notre état d'esprit à son tour conditionne largement la qualité des interactions que nous entretenons avec notre environnement, physique ou relationnel.

Gregory Bateson, ethnologue, psychologue, dont les travaux sur la théorie de la communication ont largement inspiré les modèles développés par les fondateurs de la P.N.L. (Programmation Neuro-Linguistique), a étudié les interactions existant entre la maladie psychique et l'environnement. Dans son livre, « Vers une écologie de l'esprit », Bateson envisage l'esprit (Mind) comme un système composé du sujet et de son environnement. Il souligne la perméabilité de l'esprit - qui recouvre selon lui les idées, les pensées et sentiments - aux influences extérieures. De cette approche naît l'idée que le maintien d'une bonne santé psychique inclut la capacité à écarter les éléments toxiques – relations ou idées – de son environnement. Cela suppose donc une vertu de fluidité ou de plasticité pour gérer les influences extérieures sans en être négativement affecté.

Or nous sommes généralement attachés aux idées ou personnes qui constituent notre univers proche. Nous aimons ce que nous connaissons, cela nous sécurise et nous évite d'avoir à réfléchir. Le sentiment de sécurité est un besoin fondamental. Il n'est pas de développement harmonieux de l'enfant sans un minimum de sécurité. Pourtant la sécurité n'implique pas l'absence de changement. En fait, le changement est ce qui caractérise la vie sur terre. « *La seule chose*

constante et permanente dans la vie est le changement »,
disait Héraclite.

La stabilité qui procure ce sentiment de sécurité
provient d'une absence de fluctuations intérieures,
lesquelles sont toujours perçues comme
inconfortables. On fluctue lorsque l'on se sent
optimiste un jour, triste ou déprimé le lendemain.
S'enthousiasmer pour un projet puis développer des
doutes, des hésitations, fait perdre le pouvoir
inhérent aux commencements de toute chose. Il est
certes toujours possible de retrouver la flamme
initiale. Pourtant, le risque existe de perturber
l'équilibre intérieur et l'écologie de l'âme ou de
l'esprit qui lui permet de grandir selon les lois de sa
nature, non matérielle par essence.

II – Besoins et émotions

Nos trois besoins primaires

Ils correspondent à la hiérarchie des besoins liés à
l'évolution de l'individu, depuis les stades enfantins
jusqu'aux stades adultes, telle que l'a établie
Abraham Maslow. La satisfaction de ces besoins

affectifs est essentielle car elle va ouvrir la capacité de l'adulte à évoluer vers d'autres objectifs et réalisations. Il s'agit de :

- **Nous sentir en sécurité.** Nous avons besoin de pouvoir boire, manger, dormir sans nous sentir menacés. Nous avons besoin du sentiment de paix qui en résulte, afin d'avancer avec confiance dans l'existence.

- **Être aimé et accepté** dans notre famille ou communauté. Nous avons également besoin de recevoir et de donner de l'amour, sous forme d'un échange d'affection, de considération, de compassion.

- **Accéder à l'estime de soi.** Il s'agit d'acquérir le sens de notre valeur en étant reconnus pour ce que nous sommes. Mais aussi de savoir accepter et apprécier ce que nous sommes et cultiver nos talents. Cela revient à éveiller une flamme intérieure, une ouverture et une curiosité pour la vie et les découvertes qu'elle nous propose, qu'il s'agisse d'amitiés, d'idées ou d'aventures de toutes sortes. Y compris, bien sûr, l'aventure que constitue la découverte de soi.

La satisfaction de ces trois besoins est un préalable à notre soif d'accomplissement et de **bonheur.**

Ce sont là des besoins basiques et universels. Ils sont naturellement comblés si nous avons la chance d'être nés dans une famille aimante et protectrice, et si nous faisons montre de dons évidents reconnus par notre entourage. Dans le cas contraire, il existe heureusement des possibilités de surmonter ces manques.

- Le besoin ultime de grandir et d'évoluer

Tout le processus de l'évolution, du plus physique au plus spirituel, passe par la satisfaction des besoins primaires qui nous rendent vivants et socialisés. Appartenir à une communauté humaine quelle qu'elle soit, développer nos talents, ce sont là les besoins de la partie humaine et sociale en nous. Nous en contenter trop longtemps comporte le risque d'une sclérose et de l'apparition des versants négatifs de ces acquis. Ennui, ou à l'inverse, ego, contrôle, domination, exposent à la naissance de conflits et de mécontentement, en nous comme dans notre entourage.

C'est bien pourquoi la vie nous demande parfois de laisser émerger une autre image de nous-même et de notre rôle. De même que l'on voit les parents devenus grands-parents abandonner une forme de contrôle et faire preuve de patience et de gentillesse à l'égard des jeunes enfants.

En avançant dans la vie, nous aurons donc besoin de **sagesse** pour rechercher ce qui nous convient vraiment, en acceptant de nous dissocier des acquis véhiculés par la culture, l'éducation ou l'opinion générale. La sagesse nous aide à surmonter les difficultés et à trouver de nouvelles inspirations.

- À ce moment de votre vie, quelles choses vous motivent ? Quels sont vos espoirs et vos aspirations ?

Posez-vous les questions suivantes :

- Quel est mon besoin ou mon désir le plus profond à ce moment de ma vie, en termes d'être (plutôt qu'en termes d'avoir, acquérir, posséder) ?

- Qui ou quoi souhaiterais-je devenir ?

- Qu'est-ce qui m'intéresse, me motive et me procure un bien-être psychologique ?

- Qu'est-ce qui me motiverait à agir, à entreprendre le nécessaire pour atteindre ce but ?

- L'Écologie ou l'image de soi dans son environnement

Pour en revenir au concept d'écologie, science qui étudie les êtres vivants et leurs interactions dans leur milieu, peut-être n'avons-nous pas réalisé à quel point le dualisme cultivé en Occident nous a privés d'une compréhension des interactions en jeu entre l'esprit et le corps, entre le corps, l'esprit et l'environnement, nous privant par là d'une capacité de maîtrise de nos états d'âme.

Nous avons longtemps négligé de nous intéresser aux souffrances de notre esprit. C'est comme si nous négligions d'apporter eau et soleil à une plante que nous voyons se flétrir et s'incliner vers le sol. En réalité, corps et esprit sont intimement liés. La médecine admet de plus en plus que les personnes entretenant des pensées et émotions négatives s'exposent à une baisse d'énergie mentale et physique qui peut à la longue déboucher sur des troubles de santé. Il est donc essentiel de comprendre nos besoins et nos émotions, notamment ceux qui concernent notre survie physique et psychique pour pouvoir prendre place avec bonheur dans la communauté humaine, et exprimer nos qualités propres et nos talents spécifiques.

Mais nous sommes bien plus que des êtres physiques. Nos besoins ultimes touchent à la question du sens qui rejoint le domaine de la spiritualité. Or, des études en psychologie positive montrent que manifester des émotions positives telles que la gratitude, la gentillesse, la bienveillance nourrissent véritablement l'être spirituel que nous sommes. Les végétaux poussent avec des éléments nutritifs, pas avec une injonction de pousser.

En ce moment de votre vie, posez-vous la question :

-*« Qu'est-ce que la vie me demande de reconsidérer ?*

- Quelle part de moi demande maintenant à être reconnue et cultivée ? Par exemple, écouter davantage ce que mon cœur, ma partie féminine désire ; être moins orienté sur les qualités masculines de précision et de productivité ?

- Écouter ma fatigue et mon besoin de repos, de nature, de bon air et de nourriture saine ?

- Devenir un mentor, transmettre mon expérience ?

- Prendre soin de mon environnement et du bien-être de la planète ?

- Penser grand et cultiver une image de moi forte et positive ? »

Ainsi, quoi qu'il se produise à l'extérieur, au lieu de blâmer le mauvais sort ou de nous désespérer, nous pouvons adopter une approche écologique qui restaure et maintient le système en ordre. Le système, c'est nous, en interaction avec notre environnement : relations interpersonnelles, nature et lieux de vie. Le lieu de l'interaction se trouve d'abord dans notre esprit. Cette interaction devrait pouvoir rester harmonieuse et générer du bonheur plutôt que des pertes.

III - Alors, que faire ?

Généralement, les gens perdent leur optimisme en pensant :

- à ce qui se passe dans le monde ou dans leur environnement

- à leur capacité de faire face - et cela concerne les actes qu'il faudrait accomplir, les comportements à adopter, les talents à mettre en œuvre pour y parvenir.

La solution réside à un autre niveau que le problème. Elle réside dans des croyances et des valeurs qui doivent être adaptées à notre niveau d'évolution. La liberté revendiquée à l'adolescence lorsque l'individualité doit s'affirmer, devient plus nuancée à l'âge adulte lorsque nous comprenons la loi des interactions avec ses effets de retour. La liberté s'arrête là où commence celle des autres. **La vraie liberté n'est pas tant dans l'action que dans la capacité à rester heureux si on le décide.**

- Comment traiter nos perceptions et émotions

Il existe un lien direct entre perceptions et émotions. Notre système nerveux central établit des corrélations, utiles ou nuisibles, entre ce que nous percevons de la réalité et l'interprétation que nous en avons fait. Une personne victime d'une agression nocturne éprouvera une émotion identique en présence de circonstances activant la mémoire de l'agression, même en l'absence de danger réel. Il suffit d'une silhouette, de l'obscurité et de la solitude pour susciter la panique.

Qu'elle soit violente et s'impose à notre conscience ou qu'elle soit larvée et dissimulée sous les excuses de l'inconscient, telle la procrastination qui pousse à toujours remettre au lendemain ce que nous devons faire, une émotion peut être traitée de trois manières :

1. Faire un avec notre émotion : découvrir les situations qui suscitent chez nous mal-être, anxiété, colère, aversion, ressentiment. S'il n'est pas possible de changer la situation, alors il est souhaitable d'aborder de front et sans jugement ce qui se passe en nous. Fusionner avec son émotion, accepter son message, laisser circuler les sensations intenses qu'elle procure même dans notre corps physique. En pratiquant cette attention totale, nous verrons l'émotion diminuer puis disparaître.

2. À l'inverse, adopter la position de l'observateur, une position de non-jugement, sans parti pris ni attentes, permet de voir très clairement ce qui est en jeu dans notre difficulté du moment. En termes de physique quantique, la particule (le problème qui nous occupe l'esprit) devient onde, l'onde circule, change de forme.

L'observateur, le phénomène observé et le processus d'observation forment un tout, disait Gregory Bateson. On comprend ainsi comment l'observateur sélectionne et construit littéralement sa réalité. Et on peut être surpris de constater qu'il y réagit ensuite comme si cette réalité avait une existence indépendante incontestable !

Une technique utile consiste donc à se retirer en pensée pour survoler ou regarder à distance la scène à laquelle nous sommes en train de participer. Nous acquérons alors une vue globale des interactions en cours avec une personne, comme si l'on s'observait soi-même, de loin ou de plus haut. La nature et la qualité de l'échange de chacun des protagonistes, voire leurs sentiments, apparaît clairement. Notre perception s'en trouve changée. Nous réalisons ce qui est en train de se jouer et une intuition se fait jour sur une solution possible.

3. Changer délibérément nos perceptions. Nous ne sommes pas souvent conscients que tout est changement. Le changement est la règle en ce monde, même s'il est parfois lent et imperceptible. Mais il arrive un moment où nous ne nous sentons plus tout à fait en accord avec certains aspects de notre vie. Nous pouvons changer notre cadre de vie, notre comportement, nos capacités d'adaptation. Il vient pourtant un temps où il faut franchir un pas supplémentaire pour remettre en cause notre façon de percevoir, tant le monde que nous-même.

Pour cela, rien de mieux que d'aller à la source : observer et défier mes habitudes de pensées, changer mon mode d'expression. Ce sera l'objet du prochain chapitre.

CHAPITRE III

Le Pouvoir d'Invocation des Mots – un Acte Créateur

Notre insatisfaction, nos craintes, nos désirs, l'optimisme ou le pessimisme dont nous faisons preuve laissent une trace énergétique. Tout comme les ondes radio et autres fréquences et ondes invisibles agissent dans l'environnement, les pensées et les désirs ont aussi une fréquence et un effet. Le pessimisme et l'optimisme ont leur fréquence. Ce que nous exprimons ou pensons laisse une trace.

Une pensée positive et optimiste a plus de chance de changer notre réalité que ruminer nos insatisfactions ou espoirs déçus.

I – Formuler clairement nos souhaits pour pouvoir les réaliser

Se dire « *J'en ai assez de tout cela* », n'avance en rien la situation. Cela ne fait qu'ancrer l'insatisfaction. « *Je dois cesser de fumer, manger moins de sucre* », etc. n'est pas non plus la bonne option.

L'esprit en effet prend tout au pied de la lettre et ne distingue pas la négation de l'affirmation. Les injonctions négatives produisent l'inverse de l'effet souhaité dans l'esprit. Si l'on vous dit de ne pas penser à un éléphant rose, bien évidemment, votre esprit doit d'abord penser à un éléphant. Il élabore en outre autour de la couleur rose. Avec pour conséquence qu'il ne va plus penser qu'à cela.

De la même façon, placés en face d'une difficulté que nous ne parvenons pas à résoudre par la logique, il est plus profitable d'en abandonner l'idée. Ce serait demeurer dans la problématique de l'éléphant rose dont on souhaite sortir. Penser à ce que l'on ne veut pas, c'est encore y penser, et de ce fait, nous tournons en rond.

Demandons-nous plutôt ce que nous désirons. Nos désirs sont multiples. Certains, téléguidés par la société de consommation ou notre envie de ressembler à une icône du spectacle ou des affaires, nous épuisent car ils nous détournent de nous-mêmes, de notre vérité. D'autres relèvent davantage de notre raison d'être sur terre.

Reportons-nous à l'étymologie du mot désir. Il est dérivé du latin *sidus, sideris*, la constellation, l'étoile. On dit qu'il s'agissait pour les marins de constater l'absence d'étoiles dans le ciel pour les éclairer et les guider. Vu sous cet angle, le désir est un manque mais aussi un signal et une force qui nous pousse vers ce dont nous avons la nostalgie, nostalgie des cieux ou nostalgie d'un état heureux.

Afin de donner une expression concrète à ce désir, posez-vous les questions suivantes :

- Y a-t-il un vide au ciel de votre vie ?

- Quel rêve vous habite ?

- Quelle sorte de vie voudriez-vous vraiment vivre ?

- À quoi ressemblerait-elle ? ... et quoi d'autre ? ... et quoi d'autre ?

- Si cela se concrétisait, qu'éprouveriez-vous alors ?

Restez pragmatique, ne demandez pas la lune. Imaginez par exemple comment serait une relation apaisée avec votre compagnon, par quelle attitude, quel comportement ou atmosphère cela se traduiraitil ? Quels mots seraient prononcés ? Et quoi d'autre encore...

Soyez précis : « *Je voudrais être heureux* ». Est-ce *suffisamment précis ? Qu'est-ce qui vous rend (rendrait) heureux ? De quoi avez-vous besoin ? Un travail qui vous plaise ? OK, de quelle nature ? Avec quel niveau de salaire, d'autonomie, de responsabilités* ?

Il s'agit de décomposer la réalité désirée en éléments précis qui pourront ensuite devenir des objectifs et sous-objectifs à atteindre. Une formation peut par exemple s'avérer une étape nécessaire pour obtenir davantage de responsabilités.

Lorsque nous avons des objectifs qui nous motivent, nous sommes mus par une force qui nous fait aller de l'avant et ne laisse plus place au dé-s-espoir.

- Le pouvoir des mots

Dans certaines langues anciennes, les mots possèdent un pouvoir propre qui s'exprime par les mantras. Dans nos langues modernes l'effet vibratoire direct des mots sur notre cerveau est moins avéré.

Retenons toutefois que le mot mantra est composé de la racine *man* « penser » ou manas « mind » et du suffixe *–tra*, désignant l'outil ou l'instrument. Le mantra est donc l'instrument verbal destiné à produire un effet dans l'esprit. Il a en tout cas pour effet de canaliser le mental discursif. Il peut servir à des fins de protection, d'invocation ou de célébration.

Le mantra s'apparente aussi à une mise en condition mentale car la répétition produit un effet sur notre cerveau. En nous appuyant sur la positivité et la force de l'imaginaire, nous parvenons à réaliser nos objectifs personnels ou professionnels mais surtout à exprimer nos talents, notre faculté d'initiative et de responsabilité. De quoi devenir optimiste !

Le psychologue et pharmacien français Émile Coué avait trouvé une méthode analogue qui a fait le tour du monde pour être ensuite utilisée et développée de diverses manières. La méthode Coué est une sorte de prophétie auto-réalisatrice fondée sur la suggestion et l'autohypnose. Le « mantra » favori d'Emile Coué était « Tous les jours, à tout point de vue, je vais de mieux en mieux ». Il recommandait de le répéter tous les jours et plusieurs fois par jour. Cela nous paraît naïf et absurde ? Réfléchissons-y cependant. Si pendant l'adolescence nous avons été en butte à des affirmations nous concernant, telles que : « tu es moche, tu n'es pas douée, il n'est pas possible que tu réussisses », nous avons peut-être fini par nous en persuader. Pourquoi alors une affirmation contraire n'aurait-elle pas le même pouvoir ?

Une méthode concrète, si vous savez exactement ce que vous voulez changer, est donc de vous créer un mantra ou une affirmation positive que vous vous répéterez plusieurs fois par jour jusqu'à ce que vous constatiez un changement en vous.

Si vous vous impatientez fréquemment avec vos enfants, répétez plusieurs fois par jour, pendant un cycle de vingt et un jours « Je suis patient, j'ai en moi des trésors de patience ».

II - Les mots créateurs

Comme le soulignait le philosophe Henri Bergson, science et concepts sont des formes d'intelligence qui généralisent, en ne s'intéressant qu'aux propriétés communes de choses par ailleurs différentes. Bergson était à la recherche de manières de voir, de sentir, d'entendre, qui rendraient compte de la singularité des choses. C'est ce que nous recherchons ici.

Ce que nous croyons être une réalité objective n'est autre qu'une création de l'esprit. Elle provient de la perception que nous avons du monde extérieur à travers nos organes sensoriels, nos croyances, et expériences du monde.

« Les mots ne sont pas les choses, la carte n'est pas le territoire » (« A map is not the territory ») disait Alfred Korzybski. La carte indique les routes, montagnes et forêts. Nous nous laissons guider par la carte pour atteindre le territoire, le terrain, les plaines et montagnes, les forêts denses et silencieuses. Le paysage ne réjouit pas que nos yeux. Respirer les parfums de l'herbe coupée, sentir la texture des pierres dures sous nos pas, admirer la beauté des terroirs nous rend présent à la joie du moment.

Tout comme la carte nous guide vers un territoire physique, les mots peuvent être de puissants conducteurs de ressentis. Et tout spécialement les mots abstraits. Parce qu'ils sont abstraits, ils sont susceptibles de porter toute une série de significations objectives ou subjectives. Il suffit qu'ils nous « parlent » pour ouvrir du sens et des perceptions nouvelles.

Les mots ont le pouvoir d'invoquer une réalité. Nommer, c'est faire exister, invoquer une réalité nouvelle. Prenons conscience qu'avant toute expérience ou identification, ce qui existe c'est l'expérimentateur, celui qui reste éveillé et vigilant. Et cet observateur, c'est chacun de nous.

Rien ne nous empêche donc de nous immerger dans un mot pour en extraire une signification nouvelle, plus profonde. Ce qui constitue aussi une manière de nous éloigner des idées et concepts couramment admis, de franchir les frontières et barrières du langage, créateur de réalité. Sous le concept de paix, d'amour, etc., il s'agit de retrouver la sensation vivace qui le rend tangible.

L'une des méthodes consiste alors à extraire le suc des mots que l'on passe par le filtre de l'intériorité, du silence, de la réflexion, de l'absorption. À ce stade de reconstruction de notre réalité ou de notre projet de vie, nous pouvons employer la grammaire d'une toute nouvelle façon :

- Le substantif ou le pouvoir de nommer

Je nomme et par là je fais exister. C'est un pouvoir d'ordre quasi divin !

Certains mots abstraits, ceux qui nous touchent le plus, méritent d'être abordés avec le « cerveau droit », non analytique, non raisonneur, qui n'élabore aucun doute mais nous livre au contraire une appréhension globale et positive des choses. Or, il se trouve que les mots abstraits peuvent revêtir plusieurs significations. Et que la langue française, particulièrement encline à l'abstraction, nous offre un large terrain d'expérimentation. Ainsi, le terme de liberté couvre tout et son contraire : plus de licence pour faire ce qui me plait, y compris ce qui perturbe le plus mon voisin, ou bien le pouvoir d'installer l'état d'esprit que je souhaite en m'affranchissant des influences extérieures.

Les mots ont un pouvoir évocateur qui a fait le succès de la poésie. La mer, le ciel sont bien plus qu'une étendue d'eau ou une voûte aux couleurs changeantes. Ils sont chargés de symboles, de souvenirs qui parlent à l'âme. Ils approchent au plus près de la réalité intérieure.

Revenons au désir : en latin, *desiderare*, c'est constater l'absence – en l'occurrence, l'étymologie nous dit qu'il s'agissait de l'absence d'étoiles dans le ciel des marins.

Considerare, c'est au contraire constater la présence et par extension « considérer », examiner attentivement, contempler les étoiles dans le ciel de mon futur.

Il s'agit de contempler le mot pour en extraire la signification. Comme on garde en bouche les grains rouges d'une grenade pour en apprécier la fraîcheur, la saveur, la texture. C'est l'essence de la méditation. Une forme de méditation consiste à placer un objet de réflexion ou de contemplation dans son esprit, pendant suffisamment longtemps pour qu'une signification apparaisse derrière le mot. Ce qui va surgir sera une signification qui nous est propre ou plus probablement encore qui est universelle. Puisque les mots ont été inventés pour retranscrire et transmettre au plus près une expérience ou une réalité. Les mots ne sont pas vides de sens, à nous de trouver ce sens.

Si vous êtes touché par la vérité ou la justice, placez ce mot dans votre esprit, laissez-lui rendre tout son arôme, jusque à ce que vous parveniez à en ressentir l'effet de pacification mais aussi de retour à l'ordre, et l'apaisement qui en résulte. Nous sommes loin d'une dissertation philosophique qui nous enferme dans un raisonnement discursif avec un mental hyperactif. Nous visons une perception immédiate de la chose.

Si le mot « autonomie » était l'un des critères du travail satisfaisant que vous souhaitiez obtenir, alors considérez attentivement ce mot et ce qu'il recouvre. C'est la clé pour l'atteindre. Qu'est-ce que l'autonomie pour vous ? Absence de contrainte ? Oui, certes, mais encore ? Présence de quelle « étoile » : indépendance, auto-épanouissement, satisfaction, dépassement de soi... quoi précisément ?

Explorer tout le potentiel du mot et l'assortir si possible d'une visualisation et d'un sentiment donne encore plus de force et d'ancrage à cette découverte.

- L'adjectif ou le don de qualifier

Je précise, donne couleur et caractéristiques

Utilisons les qualificatifs à bon escient. « *Je suis....* *...* » Veillons à placer entre les guillemets ce que nous aimerions être ou devenir. « *Je suis digne d'être aimé ou respecté* ». « *Je suis capable d'occuper ce poste* ».

Et allez dans le ressenti dont il s'accompagne. Capable ! De quel ressenti est-ce que cet adjectif s'accompagne ? Prenez contact avec vos sentiments. C'est le meilleur moyen d'éviter la colère et d'avancer en conformité avec votre nature.

- Le verbe ou l'accomplissement de l'action

Je cesse de penser ou de réfléchir, j'agis.

Si nous décidons de nous prendre en main, posons immédiatement quelque action, si minime soit-elle. Utilisons des verbes au présent ou au futur proche et ne formulons que des phrases au contenu positif.

Quel serait le premier pas à franchir pour me rendre autonome ? Ne pas attendre que l'on vienne me chercher pour aller voir ce film que l'on m'a recommandé ? La méthode des petits pas est très efficace et ne paraît pas démesurée à accomplir même lorsque nous manquons d'énergie.

- Le pouvoir des pensées positives

Si nous nous surprenons à mouliner des pensées négatives, inversons le système, insérons volontairement une pensée forte qui doit prendre sa place. On dit qu'il faut au moins une émotion positive pour remplacer une émotion négative et encore doit-elle avoir une valence positive forte.

La pensée est un préalable à l'action. Mais si nous émettons seulement une pensée cela n'aura pas plus d'effet que le rêve ou l'imagination. Une pensée assortie d'un sentiment ou d'une émotion possède en revanche un effet de transformation. Choisissons une pensée à laquelle nous pouvons attacher du crédit, une pensée qui nous fait plaisir ou nous emplit de joie, qui rehausse notre estime de soi. Mais ne la choisissons pas arbitrairement, ne la tirons pas d'un catalogue.

« Je ne sais pas faire ceci. Oui, mais je sais faire cela et je vais le faire. Je le fais. » Ce sera un premier pas vers la vie que je désire.

Attention d'éviter les mots « essayer », « peut-être » et toute forme d'indécision qui laisse place au doute quant à notre capacité à réussir.

Quand tout va mal, trouvons et posons un acte positif qui nous fournira des perspectives en nous sortant du dé-s-espoir.

Si je manque de respect de moi, il ne suffira pas de me dire : *« Je suis quelqu'un de bien »*. Peut-être faudra-t-il agir en transformant un schéma mental. Par exemple : *« Je m'accepte pour ce que je suis et je m'apprécie comme je suis »*. Voire compléter par la suite avec : *« Je fais confiance à la vie et la vie me le rend »*.

- L'adverbe ou l'intensité de l'action

J'accentue ou minimise un état ou une action

Certains adverbes sont à utiliser avec parcimonie. « *Jamais* », « *Toujours* ». Les choses et les gens évoluent. Ne condamnons pas à l'avance la possibilité d'un mieux. « *Je n'y arriverai jamais* », « *Je suis toujours la dernière* ».

Cherchez des exemples de moments où vous êtes parvenu à faire des choses difficiles, des moments où vous avez fait mentir votre réputation, où vous êtes arrivé(e) le(a) premier(e)… Ou mieux encore, recherchez la précision qui nuance la dure sentence que vous vous êtes appliquée : « *J'ai un peu de mal à y parvenir… pour le moment* ». « *Je suis toujours la dernière,… en maths,… cette année* ».

Évitons aussi les « *Très* », « *Trop* ». « *Trop tard* ». Est-il jamais trop tard pour bien faire ?

Voici une autre technique pour désamorcer nos humeurs moroses : « *Je suis très mécontente de toi* » dit une mère. Il peut s'agir d'une colère feinte, supposée avoir un effet sur l'enfant. Nous suggérons néanmoins de supprimer l'emphase du « *très* ». « *Je suis mécontente de toi* » est une affirmation simple et suffisante dans la plupart des cas.

On peut encore compléter ce constat avec une affirmation inspirée de la Communication bienveillante : « *Je suis mécontente lorsque tu (ne ranges pas ta chambre, ne fais pas ceci ou cela)* ». Cela devient alors une information précise et pragmatique à communiquer à l'autre et à soi-même. On dépasse l'émotion et sa capacité à déclencher des orages disproportionnés. L'enfant ne se sent pas nul, il sait qu'on lui demande seulement de ranger sa chambre. Et, mieux encore, on peut ajouter : « *... et j'aimerais que tu m'aides à préparer un gâteau pour ta fête d'anniversaire...* » Alors, ranger sa chambre peut devenir carrément valorisant.

- Le cerveau et les mots

Les neurosciences nous apprennent que tout n'est pas donné à notre naissance. Ce que l'on appelle la plasticité neuronale est la capacité du cerveau à créer de nouveaux circuits neuronaux, au fur et à mesure de nos apprentissages. On peut ainsi acquérir de nouvelles aptitudes mais aussi un caractère plus souple, plus optimiste. Chaque fois que l'on recourt à l'optimisme, on crée ou accentue des connexions dans notre cerveau (les synapses) qui vont faciliter notre propension à vivre naturellement l'optimisme et l'enthousiasme.

CHAPITRE IV

La Réalité Invisible – Un Océan de Bienfaits

Puisque nous pouvons ouvrir notre compréhension du monde à une nouvelle réalité en allant au-delà des mots, quelle est cette réalité invisible qui se tient derrière la façade de notre représentation du monde ?

I - La réalité invisible ou l'âme des choses

Les sentiments constituent notre principale énergie, notre moteur et notre raison de vivre. Nous ne vivons pas pour parler, mais pour échanger, communiquer, être avec l'autre et nous sentir exister. Nous ne vivons pas pour penser mais pour exercer notre jugement ou notre créativité. Nous ne vivons pas pour agir. Nous agissons pour nous sentir vivre.

Tout ce que nous faisons touche à une volonté d'exister, de nous ressentir vivant et agissant, d'être en relation avec nos semblables. Cela recouvre toute la gamme des besoins, sentiments et émotions dont il a été question au chapitre 2. Tout cela est notre moteur, dont nous ne sommes pas toujours conscients ; nous entendons des discours, regardons des gestes, sans toujours être attentifs aux intentions et sentiments qui les animent. Nous ne sommes pas toujours conscients non plus de nos propres sentiments qui sont pourtant parfois visibles sur notre visage et dans notre posture. C'est l'énergie psychique qui est à l'œuvre et opère dans le champ d'un discours ou d'une activité.

Ce que l'on ne craignait pas, avant que ne s'impose le paradigme matérialiste, d'appeler l'âme, l'esprit, le souffle, désigne la réalité invisible vibratoire qui nous entoure, nous habite et nous anime. À tout instant nous pouvons entrer en contact avec cet océan de qualités qu'est ce champ vibratoire.

Le monde de l'art nous en fournit une bonne illustration :

Le corps du danseur, ensemble structuré d'os, muscles et tendons, est l'instrument vivant dont joue le chorégraphe. Il faut participer ou assister à une classe de danse pour saisir ce qui est demandé au danseur. Plus de légèreté et d'amplitude dans un saut, plus d'élévation dans une pirouette, plus de joie dans un pas chassé, demande le professeur. Et l'élève qui possède déjà les pas dans ses muscles, puise encore en lui-même le supplément d'âme qui lui est demandé. L'esprit de la danse, ce sont des figures mais avant tout une capacité à utiliser le corps comme un instrument au service de l'idée, du sentiment, de l'intention. L'esprit de la danse naît dans l'âme du danseur.

Lorsque l'on peut contacter et vivre notre énergie créatrice, que ce soit par l'art, par une méditation sur la saveur d'un mot ou par une expérience directe vécue dans la nature, il se produit un lâcher-prise, un sentiment de soulagement et une ouverture de conscience. Nous avons « touché du doigt » une réalité que nous ressentons vraie et profonde. Même si par la suite nous nous surprenons par habitude à formuler des doutes ou des négations, telles que « *Je suis incapable de...* », ce dialogue intérieur perd de sa force, parce qu'une autre expérience aura été vécue, indubitable. Celle de la beauté et des merveilles qui nous habitent dans nos meilleurs moments.

Plus forte sera l'expérience, plus profond sera le circuit créé dans le cerveau et plus il sera facile d'en retrouver la trace. C'est comme la trace de mes pas qui ont foulé les hautes herbes d'une prairie. Demain il me sera facile de retrouver ce léger chemin d'herbes couchées et plus je l'emprunterai, plus il va s'affirmer. Les neurosciences ont contribué à démentir l'idée que notre personnalité serait définitivement formée après l'adolescence. Elles démontrent au contraire que nous changeons sans cesse, par l'apprentissage ou par l'expérience. Les neurosciences nous fournissent ainsi une raison supplémentaire de dépasser un pessimisme passager puisque tout effort est récompensé par une trace dans notre cerveau et nos mémoires.

- Sortir d'un blocage

Pour autant, tout ne naît pas dans le cerveau. Celui-ci se comporte davantage comme une plaque tournante entre notre énergie psychique et sa manifestation physique.

Sortir d'un blocage dans notre « champ d'activité » ou notre champ psychique se fait en plusieurs étapes :

- Comme nous l'avons vu au chapitre 2, lorsque nous sommes bloqués quelque part, il est utile de nous demander ce que nous désirons vivre, à quelle énergie créative nous pouvons faire appel.

- Si nous rencontrons des résistances ou des obstacles dans notre démarche, ou si notre corps nous signale un blocage, il devient nécessaire d'éclaircir la situation. Le corps n'est pas qu'une mécanique. Il fonctionne en partenariat avec l'esprit dans ses divers « états d'esprit ». Il est notre première enveloppe de communication avec le monde et avec les autres. Il est aussi le siège de sensations et d'émotions qui nous renseignent sur notre état psychique. Son agitation et ses bouleversements méritent de retenir notre attention. Ce sont des signaux qu'il convient d'écouter et de prendre en compte. Percevoir l'émotion qui s'exprime à travers la gorge ou l'estomac noué et rester avec cette émotion calme sa virulence au fur et à mesure que s'éclaire le message dont elle est porteuse. Si l'émotion se déclenche à la perspective de telle situation que nous tentons de repousser de toutes nos forces ou d'une tâche qui nous paraît insurmontable, alors l'émotion et la *mémoire associée qui déclenche cette réactivité méritent d'être vécues et expurgées. Purgées avant de disparaître.*

- Ensuite seulement, une fois l'émotion et son signal compris, il faut se reconstruire pour aller de l'avant. Nous allons rechercher les ressources, disponibles à de multiples niveaux, qui nous permettront d'agir sans réagir, afin de créer ce que nous voulons. La réponse peut se trouver en nous-même : réajuster les attentes, attitudes ou comportements qui ont fait naître cette émotion.

- Elle peut aussi se trouver dans notre environnement proche. Nous pouvons alors interroger, consulter ou nous inspirer d'autres personnes, partir nous ressourcer à la campagne, déménager, nous enrichir de nouvelles capacités ou de nouveaux savoirs, etc. tout ce qui pourrait fournir un éclairage, une piste de solution pour prendre un nouveau départ.

La réceptivité nous permet de capter le clin d'œil du « hasard », les opportunités offertes. Accorder de l'attention au contexte, aux personnes qui viennent à nous en de tels moments, aux relations et interconnexions qui se déroulent autour de nous, c'est se donner la possibilité de puiser une inspiration dans un champ de ressources vaste et mouvant.

II - Le champ de la conscience

Aujourd'hui, d'un point de vue scientifique, les champs - champs de la gravitation, champ électromagnétique, champs quantiques des particules matérielles - sont considérés, avec l'énergie, comme les bases de la réalité physique. L'énergie existe sous des formes différentes et ces formes sont organisées par les champs. Ainsi, la nature tout entière n'est pas la matière solide et compacte qui apparaît à nos sens. Les champs représentent le principe organisateur, qui forme et anime l'univers et la vie, qui relie les êtres et les choses entre eux. L'énergie, l'autre grand principe physique, peut prendre toutes les formes, lumière, chaleur, énergie chimique.

Ce que l'on peut appeler le champ de conscience est une infinie réserve de vibration énergétique, assez plastique pour nous faire passer du rire aux larmes en un instant. L'énergie de nos sentiments s'exprime dans notre champ psychique et dans nos divers champs d'action et de relations. Nous savons que ce n'est pas le marteau qui enfonce le clou, c'est la main, et derrière la main, l'intention, l'énergie de la pensée et la volonté de fixer un tableau au mur ou de réparer un meuble.

Les champs psychiques sont certes soumis à l'influence du milieu dans lequel nous évoluons, ainsi qu'à notre parcours de vie. Mais notre pensée, nos sentiments, notre image de soi, sont l'énergie qui les régénère. Nous pouvons nous trouver en phase de basse énergie à tout moment. Mais aussi bien sûr, nous avons la possibilité à tout instant, en lâchant les barrières du doute, du déni, de la peur que dresse l'intellect, d'accéder à un état de cohérence, d'unité et de bien-être intérieur. Loin du chaos engendré par l'ego séparateur et contrôlant qui nous pousse sans cesse à rechercher à l'extérieur sécurité, plaisir ou pouvoir. Une fois dépassés ces filtres de l'ego orientés vers la survie individuelle, on a accès à une perception élargie et d'autres informations nous parviennent.

C'est l'état que l'on peut atteindre en méditation. C'est l'état que tout un chacun peut atteindre en contemplant un coucher de soleil, en écoutant une sonate de Mozart et c'était très certainement l'état des créateurs de génie. Mozart disait qu'il ne créait pas la musique, mais que la musique venait à lui. C'est ce que l'on qualifie généralement d'inspiration. L'art ou la nature nous fournissent de telles inspirations à redevenir pleinement nous-mêmes sans lutte et sans conflit, en étant simplement en accord avec ce qui est là, au moment présent, dans un instant d'apaisement où notre corps se fait oublier, où des sentiments subtils se font jour et où nous nous sentons en accord avec nous-mêmes et en harmonie avec ce qui nous entoure, avec la vie en quelque sorte. Et là se trouve un champ illimité de beauté et de subtils bienfaits.

III - Les « particules » de croyances

La physique quantique nous a fait passer de la conception du visible – les particules – à une entité sous-jacente, fondamentale, le champ. La théorie mécaniste de l'atome considéré comme un élément fixe et permanent de matière évoluant dans le vide, a cédé la place à la théorie de l'atome comme « structure d'activité » intervenant dans des champs.

Une même structure d'activité peut prendre un aspect ondulatoire ou corpusculaire. La lumière est à la fois un phénomène ondulatoire (la longueur d'onde) et un phénomène corpusculaire (le photon est la particule élémentaire de la lumière).

D'après la mécanique quantique, les particules élémentaires peuvent se comporter en onde ou bien devenir particule en présence d'un observateur car le regard de l'observateur affecte ce qu'il observe. En ce sens donc, l'observateur joue un rôle créateur. La découverte de la dualité onde-particule change notre vision du monde en mettant fin au déterminisme de la matière... et à notre sentiment d'impuissance ! La réalité que nous vivons est la création personnelle de chacun.

Dans la vie quotidienne, l'effet miroir joue ce rôle. Non pas de transformer les gens en ondes (!) mais de modifier leur attitude. Si un adulte observe un enfant alors qu'il s'apprête à faire une bêtise et s'il se sent observé, il va suspendre son geste ou « *ondoyer* » vers une autre attitude plus conforme à ce qu'il connaît des attentes de l'adulte.

L'observateur est créateur, nous en avons tous fait l'expérience. L'éducateur qui observe un groupe d'enfants voit des énergies et des relations en interactions rapides et constantes. La timidité et la peur de l'un, l'agressivité de l'autre, et la grande plasticité de la majorité, simplement disponible à ce qui est là. Tout est possible dans un groupe. Que choisissons-nous d'y favoriser ?

Tout cela peut s'appliquer au champ psychique et à la manière dont nous pensons. Nos perceptions et croyances que nous pensions aussi solides que des particules, peuvent changer de forme et se recomposer lorsque nous les observons avec curiosité. Elles peuvent se diffracter et perdre leur dense réalité.

Nos croyances sont des formes-pensées héritées de notre éducation et de nos expériences passées. Elles tendent à nous figer à l'intérieur de limites factices. Ces croyances s'attachent à ce qui est permis ou interdit en matière de réussite ou de personnalité. *« L'argent est sale »* *« Dans notre famille, cela ne se fait pas »*, *« Tu n'as pas le droit de réussir »*, *« La vie, c'est comme ça »*, etc.

Ainsi, si nous n'obtenons pas le succès recherché dans nos entreprises, y aurait-il lieu de considérer deux options : s'arc-bouter sur une pensée particule, ou émettre une pensée onde qui pourrait se résumer à une intention souple et « *défocalisée* ». La forme-pensée « *Je suis quelqu'un de bien* », « *Je mérite de réussir* » attirerait en quelque sorte l'énergie dans un champ de réalisations possibles.

Se penser comme un bon gestionnaire, un étudiant doué, un excellent ami, ces croyances entretiennent un état d'esprit positif qui influence les résultats obtenus dans la vie réelle.

Ce que nous croyons à propos de nous-même ne reste pas cantonné dans un coin de notre cerveau, cela impacte directement nos résultats et notre manière d'aborder les difficultés, qu'il s'agisse de réparer un meuble ou de préparer un examen.

IV - La représentation du futur

La théorie quantique démontre que lorsqu'une chose en vient à exister dans le monde matériel, tout a commencé sous la forme d'une impulsion d'énergie.

Cela peut survenir comme une intention, un sentiment, un projet, avant que l'énergie créatrice, cette force vitale invisible mais à l'origine de tout, ne s'en empare. Il en résulte que nos pensées, nos émotions et nos croyances ont un pouvoir de création et d'impulsion qu'il serait erroné d'ignorer.

Voilà qui peut changer notre vision des choses. Plutôt que de rendre responsable le monde, les autres, voire nous-même de ce qui ne va pas dans notre vie, il devient plus productif de s'interroger sur notre niveau d'énergie mentale ou émotionnelle, en sachant que notre réalité change lorsque nous changeons de mode énergétique. Choisir des comportements qui n'entrent pas en contradiction avec nos intentions et désirs en est le corollaire puisque nos comportements traduisent et colportent une énergie vibratoire qui se transmet à notre entourage. Si je veux améliorer mes relations avec mes collègues, la première chose à vérifier est la politesse et la considération que je leur accorde dans les gestes quotidiens comme fermer ou ouvrir une fenêtre dans leur dos sans leur assentiment ! C'est un comportement objectif qui va contribuer à améliorer l'atmosphère.

Il y a là une manière bien plus douce d'obtenir ce que nous recherchons que la manière forte et volontaire qui peut nous attirer un résultat apparemment conforme à nos vœux mais s'avérer coûteuse à moyen terme. On peut toujours contraindre par la menace ou la coercition un enfant ou un employé à se conformer à un standard de comportement ou de productivité. Le risque encouru est de provoquer une résistance qui va introduire des biais et risque d'endommager les relations.

Le dialogue intérieur tricote souvent notre destinée et pas toujours de manière optimiste. « *Je ne suis pas bon en langues* » peut être un constat à l'heure actuelle. Mais cela ne mène pas loin. Si l'on souhaite faire quelque chose de sa vie, il est plus utile de prendre des cours particuliers ou de se focaliser sur les matières où l'on réussit.

La capacité d'envisager un possible qui soit positif et satisfaisant et la détermination à l'affirmer, augmente la performance, alors qu'un objectif formulé en termes négatifs : « *Ne rate pas cette affaire ! ...* » la diminue fortement.

Il ne s'agit pas tant d'élaborer des plans stratégiques à trois mois, trois ans ou cinq ans que de faire retour de temps en temps sur le dialogue intérieur que nous entretenons, individuellement et collectivement, sur notre avenir, nos dons, nos forces. Le sociologue Fred Pollack qui a mené dans les années 70 une étude sur l'essor et la chute des cultures (« *Rise and Fall of Cultures* ») soulignait que l'une des raisons de la disparition des cultures provenait de l'absence d'image du futur dans une société. Il est donc d'une importance cruciale de créer du futur, des projets, une vision, adaptés à notre réalité du moment mais aussi porteuse de changements et d'espoir.

Cette attitude de réalisme doublé d'inspiration repose sur l'aptitude à capitaliser sur nos forces et savoir-être. Quelles sont les bonnes pratiques et les forces spécifiques que nous devrions préserver à tout prix et même développer dans les années qui viennent ?

- *Pensez à un moment où vous avez fait l'expérience d'un succès personnel, relationnel ou professionnel si éclatant, si incontestable, que vous vous êtes senti plein de bonheur, de fierté, d'enthousiasme, de confiance en vous.*

- *Quelle était cette expérience ?*

- *Quelles en étaient les composantes ?*

- *Qu'est-ce que cela vous inspire dans votre situation aujourd'hui ?*

CHAPITRE V

Intégration et Alignement

Comme nous l'avons vu, la manière la plus efficace de rester heureux et en bonne santé est d'atteindre un niveau d'harmonie intérieure. Nous sommes en permanence bombardés d'informations en provenance des medias, de la rue, de notre entourage. Ce sont la plupart du temps de mauvaises nouvelles. Or, ces informations transmettent une vibration que nous absorbons sans nous en rendre compte. Faute de pouvoir les digérer ou les trier pour ne garder que celles qui nous seront utiles, notre esprit finit par sombrer dans la grisaille, le dé-s-espoir et l'impuissance. Il serait donc destructeur de se brancher sur cette seule fréquence, cette seule station de radio qui diffuse 24 heures sur 24 tous les désastres et toutes les atrocités du monde.

Il existe une autre fréquence qui s'appelle positivité... Nous ne parlons pas d'un optimisme béat pour qui tout est pour le mieux « *dans le meilleur des mondes possibles* ». Ce n'est bien sûr pas cela dont il est question ici. L'optimisme, c'est simplement une manière d'aborder les choses sous un angle positif. Car, avant même d'influencer nos perceptions de manière favorable, la positivité permet en tout premier lieu d'unifier, de réorganiser le sujet pensant-agissant-ressentant que nous sommes tous.

Dans sa critique de la structure du langage tel que l'Occident l'a fixée après Aristote, Alfred Korzybski notait que « *dans nos rapports avec nous-mêmes et le monde autour de nous, nous devons prendre en compte le fait que, dans ce monde, toute chose est étroitement liée, strictement, à toutes les autres choses, et par conséquent nous devons nous efforcer d'abandonner les termes élémentalistes impliquant un isolement qui n'existe pas...* ». Ainsi en va-t-il des termes « observateur » et « observé », « corps » et « âme », « penser » et « ressentir », « intellect » et « émotions », etc. Ces éléments fonctionnent autant en couple que de manière isolée. Par ailleurs, nous ne sommes pas seulement la somme de tous ces éléments mais *davantage* que cela. Cesser de se penser de manière dissociée, fragmentée et unifier son monde intérieur est donc riche de sens.

I - Deux principes à considérer

- Le premier principe est que le positif est constructif.

Il est impossible de ne pas échouer dans un projet, il est impossible de ne pas être triste, puisque l'esprit ne sait pas concevoir la négation. Il est en revanche possible de concevoir et réussir un projet ou un bon plat. Il est possible de renseigner avec le sourire le visiteur perdu dans les rues de notre ville. Seule une expression positive de nos désirs peut déboucher sur l'action.

Le fondateur de la psychologie positive, Mihaly Csikszentmihalyi, parle de l'« *expérience optimale* » comme d'un moment heureux où l'on vit pleinement un moment de « *flux (plénitude)* ». Cela peut survenir à l'occasion de n'importe quel type d'activité : marcher dans la nature, mais aussi préparer un repas, laver la vaisselle, conduire sa voiture, boucler un dossier, dès l'instant où la tâche est effectuée en étant présent psychologiquement et totalement engagé dans la tâche. On se trouve alors dans un état de concentration et de présence conjointe de la tête et du cœur. Le mental raisonneur n'est plus là.

- Le second principe est que le niveau supérieur produit un effet d'alignement

Se positionner sur ses aspirations les plus élevées entraîne automatiquement un changement de la direction et de la nature de nos pensées, de nos sentiments, de nos comportements.

Lorsque Maslow a conçu sa pyramide des besoins, il a placé au sommet le besoin de réalisation de soi. À ce niveau, il s'agit moins de besoins - entendus comme des manques à combler - que de motivations qui nous portent et nous donnent le pouvoir d'agir dans une direction donnée.

- Le besoin de croissance

Après la satisfaction des trois besoins de base, vient le besoin de croissance. Il s'agit de développer des capacités de réponse adaptées à la complexité croissante des situations rencontrées. Cela va se traduire par la nécessité d'innover dans nos méthodes, de sortir de l'isolement pour œuvrer en équipe, de s'engager dans un projet qui va nous emmener au-delà de notre zone de confort.

La décision de prendre sa vie en main joue un rôle important dans la perception optimiste ou non que nous pouvons avoir de la réalité. Cette décision survient lorsque nous sommes parvenus à surmonter notre dépendance à notre environnement physique, familial ou relationnel.

- Quelles nouvelles opportunités s'offrent à vous en ce moment ?

- Comment vous sentez-vous à la seule idée d'y penser ?

- Que vous en coûterait-il d'y renoncer ?

- Que pourriez-vous en espérer en terme de renouveau intellectuel, émotionnel, affectif ?

- Quelles conditions ou limites pourraient être posées pour en faire un projet réaliste ?

- Le besoin de sens

Arrivé à un certain stade d'accomplissement, se fait jour une sorte de nécessité intérieure d'œuvrer dans le sens du bien commun, de transmettre, d'utiliser les dons et les capacités dont nous sommes emplis. Solidarité, altruisme, engagement dans un groupe, nous portent à contribuer, à soutenir… une cause, l'humanité, la planète… les sujets ne manquent pas. Il est reconnu qu'altruisme et générosité sont des valeurs socialement et psychologiquement structurantes

Cette évolution est naturelle. Elle consiste à se réaliser dans toute l'ampleur de ses possibilités afin d'accéder à une capacité d'influence. Nous ne sommes pas censés faire du sur place, une fois que nous nous sommes installés dans une vie confortable. Dans ce processus d'évolution, néanmoins, toute chose arrive en son temps. Parce que nous manquons de recul nous pouvons être dans la confusion sur ce que nous devons faire de notre vie. L'évolution d'un être humain, c'est un peu comme un parchemin dont l'histoire doit se dérouler, ligne par ligne, étape par étape.

Si nous connaissons un moment de suspension d'espoir, c'est peut-être qu'une étape demande à être franchie. La perte d'enthousiasme, l'ennui, la perte d'intérêt pour ce qui faisait notre bonheur, signalent et contiennent le désir et le germe d'une évolution nécessaire.

On peut être excellent enseignant ou formateur et enseigner et retransmettre jusqu'à épuisement. Dès lors, s'offre le choix d'enrichir, alimenter et faire évoluer la matière dont nous sommes spécialiste, si le cadre professionnel le permet, ou bien d'inventer autre chose pour maintenir notre envie de vivre. Quelque chose de neuf doit émerger. Comme le printemps succède à l'hiver, un mieux-être émerge nécessairement d'un mal-être car rien sur terre n'est constant. Le temps poursuit son cours, cycliquement.

II - Eliminer les discordances et les incohérences

- Les facteurs de désordre

La peur peut survenir car nous voudrions tellement que les choses se passent comme nous nous y attendons et qu'il pourrait en aller différemment. Nous avons peur de l'inconnu et cela nous rend pessimiste.

L'absence à l'instant présent n'est pas moindre. Nous pouvons être pessimiste pour l'avenir – et vous aurez remarqué qu'on l'est rarement pour le passé ou pour le présent ! – parce nous constatons la dégradation de l'environnement, parce qu'affluent de partout des informations inquiétantes sur la montée des océans, la pollution, la disparition des espèces, etc. C'est en effet une tendance forte. Ce n'est pas une raison pour nous laisser décourager. Ce sont là des informations dont nous pouvons essayer de tirer parti de manière positive en agissant pour faire partie de la solution.

Quelle contribution puis-je apporter pour soulager le désastre collectif que la pression humaine produit sur la planète ? Je peux certainement limiter mon gaspillage d'eau, réduire ma consommation de plastiques, trier, recycler. Le faire me donnera un sentiment de maîtrise, de pouvoir sur moi, de contribution. Cette seule prise de conscience suivie d'action transforme le mental pessimiste avec sa ronde de pensées affligeantes.

- Les attitudes à privilégier

L'optimisme étant essentiellement mental, ce qui le freine est la difficulté mentale où nous nous trouvons de lâcher prise, d'admettre que notre attachement au passé, à ce qui était beau et bien « *à notre époque* », soit irrémédiablement révolu.

Le remède consiste à prendre conscience de la force de ce passé, d'assimiler ce qu'il nous a apporté de positif, pour pouvoir en surmonter la nostalgie et acquérir la souplesse de s'adapter au présent.

En effet, il est important de se rendre compte que les différents moments de notre vie sont essentiellement des occasions de vivre et d'exprimer différentes facettes de notre personnalité. Parfois il arrive que nous ayons le sentiment d'être parvenu au bout de nos possibilités d'action. C'est peut-être que nous n'avons plus rien à expérimenter dans ce domaine. Dans ces moments, il est important de se mettre mentalement en repos, jusqu'à ce qu'autre chose émerge, renaisse.

- Si je suis pessimiste, qu'est-ce que je crains de perdre ? De ne plus pouvoir faire ou vivre ?

- Qu'est-ce qui était si important là-dedans ?

- Qu'est-ce que j'en ai retiré qui m'a constitué ? (par ex. la convivialité et la force du partage dans les réunions de famille).

- Comment puis-je transformer cette force, la réutiliser ailleurs ou autrement ?

III - Les trois portes d'entrée de la mise en cohérence

Ce que l'on ne peut construire par la seule volonté et le seul rationnel, on peut le construire en empruntant la porte de l'affectif, de l'action ou de la méditation. En effet la pensée s'accompagne d'un sentiment avant de se traduire en action et en comportement. Si l'on ne se sent pas capable de venir à bout de ses pensées pessimistes, il est possible de procéder par un autre biais.

1 - L'affectif : À chaque niveau d'évolution se font jour des valeurs spécifiques qui sont aussi une manière d'exprimer émotions ou sentiments différenciés. Les valeurs et sentiments d'inclusion et de participation que nous avons rencontrés dans les premières étapes de notre développement, deviennent altruisme, empathie, solidarité, ou encore gratitude lorsque nous avançons dans le niveau de réalisation de soi.

- Efforcez-vous de trouver chaque soir 3 choses positives vécues dans votre journée qui éveilleront en vous des sentiments de gratitude.

2 - Le comportement et l'action : Faire un geste pour aider un voisin ou un proche nous fait nous sentir mieux et lui aussi. C'est parfois aussi simple que cela. Peut-être l'inspirerez-vous à faire de même quand l'occasion s'en présentera. De toute façon, un geste plus un geste, cela finit par changer quelque chose dans l'atmosphère du monde et dans le comportement des gens. Démontrez vous-même de la gentillesse car **la gentillesse est active**. Non seulement, elle produit un effet bénéfique pour notre interlocuteur mais elle est également gratifiante pour celui qui l'exerce.

3 - L'émotionnel : L'émotionnel peut être travaillé au niveau subconscient. Il est possible d'apaiser nos émotions perturbatrices en pratiquant la méditation. Méditer, réfléchir, se poser pour faire silence, sortir du brouillage quotidien et se mettre à l'écoute d'une autre fréquence. Celle que nous dictent notre inspiration, notre intuition, nos motivations.

IV - Le facteur supplémentaire : la conscience

Le philosophe Michel Serres remarquait que le logos – parole, langage, raison - était une tentative de trouver une relation entre des choses disparates n'ayant a priori pas de véritable relation entre elles.

Auparavant cependant, cette pensée rationnelle avait écarté de son raisonnement tout ce qui rapproche, ce qui est commun à tous les êtres vivants. Ayant mis l'esprit et l'âme de côté, ces principes réunificateurs se sont trouvés repoussés à la lisière du religieux, dans les franges de la société.

Notre conscience n'est pas de nature physique et n'est pas limitée par une hypothétique location dans le cerveau. Elle nous offre la possibilité de nous harmoniser sur un plan vibratoire supérieur. En tournant notre attention de l'extérieur vers l'intérieur, nous accédons à la voix de la conscience et à l'intuition qui nous procure des informations dépassant les contraintes physiques et contextuelles dans lesquelles nous nous trouvons. Capter l'invisible, ce vers quoi je vais, permet d'éviter les réactions automatiques de fuite ou de combat qui sont des réponses de stress ou de détresse. Cultiver la relaxation par des techniques telles que la méditation, le tai chi ou le yoga, procure la force tranquille qui permet des réponses appropriées en toute situation.

Se désengager des facteurs d'agitation externes (pollutions diverses) ou internes (émotions, stress) pour se mettre à l'écoute de soi et de nos besoins d'évolution, constitue une discipline essentielle aux résultats parfois étonnants.

Le cas de M. est tout à fait significatif. M. perdit successivement son travail, son mari et connaissait des difficultés avec ses enfants. Une connaissance lui conseilla la méditation. Introduite à une connaissance spirituelle, cultivant d'intenses moments d'intégration et de méditation, non seulement elle retrouva la sérénité mais elle put reprendre une activité, en libéral cette fois. Quelques mois plus tard, elle était parvenue à renouer des relations apaisées avec son mari et ses enfants.

- Quelle part de vous avez-vous négligée, oubliée ou volontairement laissée de côté (une vie près de la nature, vivre votre créativité, vivre la croissance de vos enfants,...) parce que la vie vous y « obligeait », parce que vous pensiez devoir faire des choix ?

- Que signifierait écouter votre conscience ? Et que vous dirait cette petite voix ?

CONCLUSION

Dans son livre « *Vers une Écologie de l'Esprit* », Gregory Bateson disait que « *la voie royale vers la prise de conscience et l'objectivité passe par le langage* ». Le langage est un outil culturel qui nous a façonné et quelque peu déformé. Mais ce même langage mis au service de la lucidité intellectuelle nous permet de voir clairement où nous en sommes et ce qu'il nous faut changer pour combler nos aspirations profondes.

C'est alors qu'intervient l'au-delà des mots, le silence, qui donne accès à une réalité plus subtile. « Contempler » un mot peut fournir le déclic pour accéder au silence de la réalisation. Ou encore se retirer un instant dans son for intérieur pour écouter la voix silencieuse de l'intuition qui capte l'invisible. Car la conscience va bien au-delà de la persona, de l'être social auquel nous nous limitons trop souvent.